Limitierte Auflage zum Nationalen Service-Projekt des Service-Clubs Round Table Deutschland

Besuchen Sie uns im Internet:
www.round-table.de
www.rt-bfl.de
www.neudenken-media.de
www.manni-ballnane-buch.de
www.manni-ballnane.de

Copyright © neuDENKEN Media UG (haftungsbeschränkt), Regensburg

Das Werk einschließlich aller seiner Teile ist urheberrechtlich geschützt. Jede Verwertung – auch auszugsweise – ist nur mit Zustimmung der neuDENKEN Media erlaubt. Alle Rechte vorbehalten.

Limitierte Auflage zum Nationalen Service-Projekt des Service-Clubs Round Table Deutschland, Oktober 2015
ISBN 978-3-944793-75-7

Einbandgestaltung, Lektorat, Satz & Layout: neuDENKEN Media, Regensburg
Korrektorat: Katrin Holle, neuDENKEN Media und Julia Knoll, Regensburg
Illustration: Dennis Zitzmann
Fotografien: Antonio Lagerfeld, Michael Koob, Round Table Regensburg
Druck & Bindung: CPI Clausen & Bosse, Ulm
Printed in Germany

Bildnachweis:
Alle Rechte bei der neuDENKEN Media

Ben Rückerl
Stefan Plötz
Carola Kupfer

Illustriert von
Dennis Zitzmann

Und das Team Bananenflanke

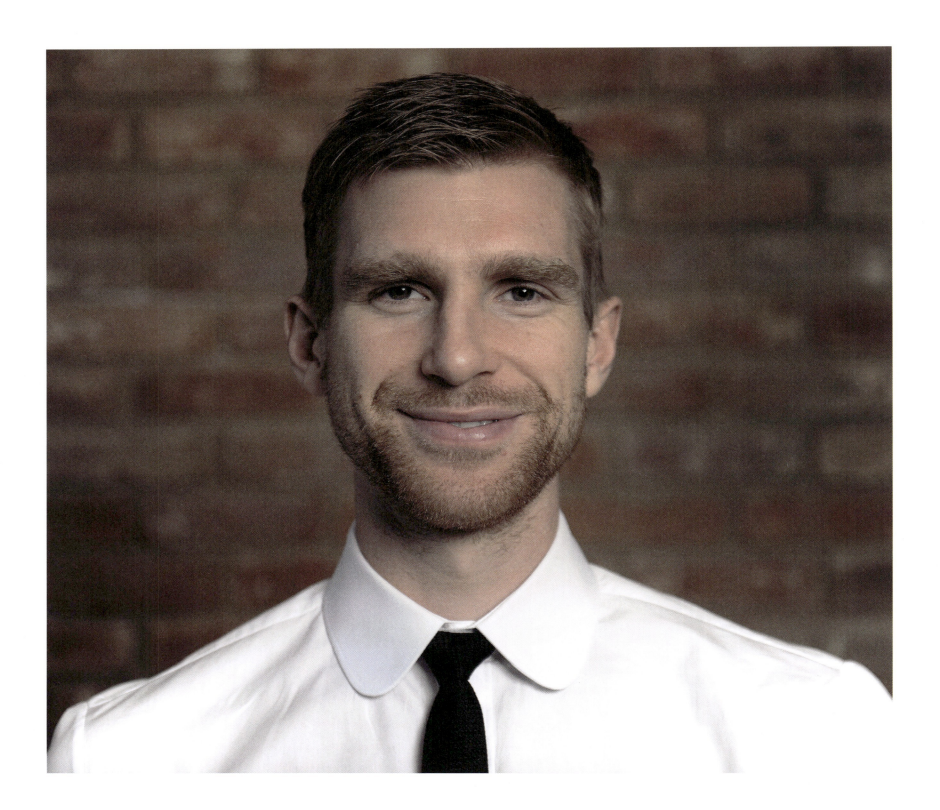

Wer im Fußball gewinnen möchte, braucht vor allem eins: ein richtig gutes Team! Eine Mannschaft, die in jeder Situation zusammenhält. Die mehr ist als eine bunte Gruppe einzelner Topspieler. Die keine Eitelkeiten kennt. Die Toleranz zeigt und jeden anderen Spieler so akzeptiert, wie er ist. Und die den Teamgedanken auch auf der Ersatzbank, im Training und in den Kabinen lebt.

Es gab einen tollen Spruch, der während der letzten Weltmeisterschaft in Brasilien 2014 in aller Munde war:

> BRASILIEN HAT NEYMAR, ARGENTINIEN HAT MESSI, PORTUGAL HAT RONALDO – UND DEUTSCHLAND HAT EINE MANNSCHAFT.

Besser kann man nicht ausdrücken, was unser Team ausgezeichnet hat: Die Mannschaft hat den Titel geholt – und der Teamgedanke war der Schlüssel zum Erfolg.

Ich durfte als Spieler am Anfang der WM in der Stammformation und später als Ersatzspieler dabei sein. Es war ein großartiges Erlebnis! Wir haben uns alle gegenseitig geholfen, motiviert und angefeuert. Jeder war für jeden da – und als Team sind wir auch Weltmeister geworden.

So wie Manni Ballnane und das Team Bananenflanke, die auch das entscheidende Spiel gewinnen möchten. Manni hätte in Brasilien gut in unsere Mannschaft gepasst. Denn er ist ein echter Teamplayer. Das Tolle an ihm ist, dass er allen auf eine richtig nette Art zeigt, wie eine gute Mannschaft funktioniert. Er hat keine Vorurteile gegenüber anderen Menschen und liebt den Fußball. Da können sich manche Trainer und Spieler etwas abschauen!

Für mich ist die Geschichte von Manni Ballnane deshalb ein wunderbares Lese- und Vorlesebuch für den Fußballnachwuchs. Wer Manni erlebt, lernt spielerisch, worauf es beim Fußball eben auch ankommt.

Mein ganz persönlicher Tipp an alle fußballverrückten Mädchen und Jungs: Ran an den Ball – mit Manni Ballnane im Herzen!

EUER PER MERTESACKER
FUSSBALL-WELTMEISTER 2014

MANNI BALLNANE UND DAS TEAM BANANENFLANKE

„WO BIN ICH DENN HIER GELANDET?" Manni Ballnane rieb sich die Augen. Verwirrt blinzelte er in die Morgendämmerung. Er fühlte sich schrecklich! Sein Kopf brummte und sein Rücken tat ihm weh. Vor sich sah er das Meer, ein paar Möwen – und neben ihm im Sand lag ein Haufen kaputter Bretter.

Manni schaute sich vorsichtig um. Ballnanien war das hier nicht! Alles sah ganz anders aus als zu Hause. Überall wuchs etwas Grünes aus dem Boden heraus. In Ballnanien gab es nur feinen Sand oder feste Erde – aber das hier? Manni hatte so etwas noch nie zuvor gesehen.

Es sieht irgendwie weich aus, dachte er und strich sanft mit seiner Hand darüber. Noch dazu fühlte es sich gut an und roch frisch.

Als die Sonne aufging, erinnerte Manni sich plötzlich an etwas. Er erstarrte vor Schreck.

„Wo ist mein Ball? Hab ich ihn etwa verloren?" Verzweifelt sah er sich um. Ohne seinen Fußball konnte er nicht leben. Nein, er durfte einfach nicht weg sein!

Manni stand hastig auf, dabei stolperte er über die Bretter, die um ihn herum lagen. Dann fiel ihm langsam wieder ein, was passiert war ...

MANNI BALLNANE hatte, wie jeden Abend, mit seinen Freunden am Strand von Ballnanien Fußball gespielt. Als die Sonne unterging, hatten sich alle Mannis im Kreis aufgestellt, um sie zu verabschieden. Das war der gemeinsame Abschluss des Spiels. Er gehörte einfach immer dazu. Denn es war die Kraft der Sonne, die in Ballnanien die Bälle auf den Bäumen wachsen ließ. Dafür waren die Mannis ihr sehr dankbar. Bälle waren für sie das Wichtigste auf der Welt!

Natürlich hätten die meisten trotzdem gerne weiter gespielt – auch bei Dunkelheit. Schließlich hatten die Bälle in Ballnanien selbst etwas Sonnenlicht in sich und leuchteten sanft. Doch jedes Mal, wenn Manni und seine Freunde es versucht hatten, waren sie zusammengestoßen. Blaue Flecken und schmerzhafte Beulen – das machte ihnen dann doch keinen Spaß. Außerdem, das wusste Manni Ballnane, brauchten Fußbälle ausreichend Schlaf, damit sie lange rund und prall blieben.

„Ballnanien ist so schön!", seufzte Manni, als er an seine Heimat dachte. Dort konnte jeder von Geburt an Fußball spielen. Tagsüber kickten alle Mannis miteinander irgendwo am breiten Strand und nachts träumte fast jeder von Doppelpässen, Bananenflanken oder Fallrückziehern.

Kein Wunder, dass in Ballnanien alle fußballverrückt waren!

Am Abend zuvor war es jedoch anders gewesen. Manni erinnerte sich nun ganz genau. Sein geliebter Fußball Ballito war zum Wasser hinuntergerollt – und sofort von einer frechen Welle hinaus aufs Meer gezogen worden ...

9

„HEY, BALLITO, BLEIB DA!", hatte Manni gerufen. Natürlich war er sofort ins Wasser gelaufen, um seinen runden Freund zu retten. Doch die Welle hatte ihn einfach nicht losgelassen und den leuchtenden Fußball immer weiter hinaus auf das offene Meer tänzeln lassen. Viel zu spät hatte Manni bemerkt, dass am Himmel dunkle Wolken aufgezogen waren und das Wasser sehr unruhig geworden war. Er hatte nur an seinen Ball gedacht – und dabei alles um sich herum vergessen!

Manni hatte ein Donnergrollen gehört und schon waren erste Blitze über die bedrohlich hohen Wellenberge gezuckt.

Glücklicherweise hatte er eine alte Bananenkiste entdeckt! Mit letzter Kraft hatte er sich hinein retten können.

Das ist sicherer, als selbst durch das Unwetter zu schwimmen, hatte er gedacht, doch seinen Ball hatte er leider längst aus den Augen verloren.

Auf einmal hatte er ein lautes Krachen gehört und einen schmerzhaften Schlag gespürt. Dann war er irgendwann hier am Strand in der Morgendämmerung aufgewacht.

„Immerhin hab ich die Reise ganz gut überstanden", stellte Manni fest. „Das Dumme ist nur, dass ich keine Ahnung hab, wo ich hier gelandet bin!"

Dann sah er plötzlich etwas, das sein Herz höherschlagen ließ.

„HALLO, ICH HEISSE MAX. IST DAS DEIN FUSSBALL?"

Der Junge, der aufgeregt auf Manni zulief, war ziemlich klein und etwas pummelig. Doch er sah freundlich aus und er hatte tatsächlich Mannis verloren geglaubten Ball in der Hand! Manni sprang vor Freude in die Luft.

„Ballinga! Du hast Ballito gefunden!" Manni presste seinen Ball überglücklich an sein pochendes Bananenherz.

„Das ist ein richtig guter Ball", stellte Max fest, während er ihn zurückgab.

„Ich weiß", antwortete Manni stolz. Dann bedankte er sich bei Max und fragte: „Wo bin ich hier eigentlich gelandet?"

„In Grünstadt", klärte Max ihn auf und zeigte auf den grünen Boden, der Manni schon aufgefallen war. „Hier wächst nämlich überall grüner Fußballrasen."

Manni horchte auf. Fußballrasen? Schnell kamen die beiden ins Gespräch. Max war sehr schlau und wusste viel über Fußball, bekannte Spieler, Taktik und Technik.

Manni war ziemlich beeindruckt.

„Dann spielst du wahrscheinlich sehr gut, oder?", fragte er Max. „Bist du Stürmer?"

Max antwortete nicht, sondern schaute traurig auf den Boden. Hatte Manni etwas Falsches gesagt?

„Komm, lass uns aus den Brettern eine kleine Hütte bauen, dann haben wir ein cooles Haus am Strand", schlug er deshalb Max vor.

„Alles klar! Und was machen wir dann?", fragte Max erwartungsvoll.

„Dann?" Manni lächelte verschmitzt. „Ballinga! Dann zeigst du mir Grünstadt!"

GRÜNSTADT war ein kleines, freundliches Städtchen mit einem runden Marktplatz. Alle Häuser hatten hübsche Gärten und Autos gab es in der Stadt nur wenige.

„Hier ist alles so nah beieinander", erklärte Max. „Wir erledigen fast alles zu Fuß, mit dem Rad oder dem Roller."

Manni gefiel das gut. In Ballnanien gab es nämlich auch keine Autos. Trotzdem war vieles ganz anders als in seiner Heimat. Hier führten gerade, gepflasterte Straßen durch die Gassen – keine geheimnisvoll geschwungenen Wege aus Sand und Erde. Wo in Ballnanien bunte, wilde Pflanzen und Fußballbäume wuchsen, gab es in Grünstadt riesige Rasenflächen. Sie waren alle eingezäunt. Merkwürdig! Am meisten wunderte Manni sich jedoch darüber, dass er niemanden sah, der mit einem Fußball kickte!

„Darf man da nicht drauf laufen oder spielen?", fragte er Max erstaunt. Dabei zeigte er auf die grünen Plätze. „Du hast doch gesagt, es sei Fußballrasen."

Max schüttelte bedauernd den Kopf. „Wir dürfen nur auf unserem Platz spielen, wenn wir Training haben."

„Training? Ballinga! Wann? Und wo? Dann habt ihr wohl eine gute Mannschaft, oder?" Aufgeregt hakte Manni nach. Das klang zumindest ein bisschen nach Spaß. Er freute sich schon darauf, Ballito über den weichen Rasen rollen zu lassen.

„Naja." Max seufzte. „Wir haben viele gute Spieler, aber trotzdem keine gute Mannschaft."

Manni zog erstaunt seine Augenbrauen hoch. Wie war das möglich? In Ballnanien gab es so etwas nicht. Dort spielte jeder gut – aber alle zusammen waren noch viel besser!

„Weißt du", versuchte Max ihm zu erklären, „mein Papa meint es ja gut als Trainer, aber ..." Er sprach nicht weiter und senkte traurig den Kopf.

„Was ist mit deinem Papa?" Nun war Manni ziemlich neugierig geworden.

„Hm, das ist ein bisschen schwierig", antwortete Max und zeigte nach vorne. „Schau mal, da ist er."

Walter Neuberger hatte seinen Sohn entdeckt. Schweigend wartete er, bis Max und Manni vor ihm standen.

„Papa, das ist mein neuer Freund Manni Ballnane", erklärte Max ihm stolz. „Er kommt aus Ballnanien, wo Fußbälle auf den Bäumen wachsen."

„Soso", brummte Walter. Ungläubig musterte er Manni von oben bis unten. Dann fiel sein Blick auf den Fußball. Er lächelte, was ihn gleich viel netter aussehen ließ. Doch insgeheim glaubte er nicht daran, dass es dieses Ballnanien wirklich gab.

„Willst du mal?", fragte Manni freundlich und ließ den Ball zu Boden fallen. Walter fing sofort an zu dribbeln. Dem Fußball machte es sichtlich Spaß. Ballito sprang vergnügt herum. Er ließ sich von Walters Füßen mühelos balancieren.

„Ich war früher selbst Profi", erklärte Walter, nachdem er den Ball zurückgegeben hatte. „Bis mir eine schlimme Knieverletzung dazwischen kam. Aber so ist das Leben eben." Das Lächeln verschwand aus seinem Gesicht. Auf einmal wirkte er unglücklich.

„Komm, ich stell dich meiner Oma Rosl vor! Sie steht heute im Laden." Max zog Manni ungeduldig weiter. Auf dem Weg dorthin erzählte Max, dass er keine Mama mehr hatte. Deshalb kümmerte sich seine Oma um ihn und seinen Papa.

„Sie ist die beste Köchin der Welt", beteuerte Max eifrig, während er die Ladentür aufschob. Es klingelte laut. Eine mollige ältere Dame mit hoch aufgetürmten Haaren und einem freundlichen Lächeln kam hinter der Theke hervor.

„Max, mein Großer, wen bringst du denn da mit?" Sie strahlte Manni an und zwinkerte vergnügt mit den Augen. Es kam nämlich selten vor, dass Max mit Freunden in den Laden kam. Oma Rosl freute sich deshalb sehr.

„Das ist Manni Ballnane, mein neuer Freund." Mit stolzgeschwellter Brust baute Max sich vor seiner Oma auf.

„Hallo, Manni, schön dich kennenzulernen." Oma Rosl reichte Manni freundlich die Hand. „Und was machst du hier bei uns in Grünstadt?"

„Ballinga, Oma Rosl! Du siehst aber nett aus!", entgegnete Manni fröhlich. Dann erzählte er, was passiert war. Oma Rosl hörte aufmerksam zu. Das war ja ein richtiges Abenteuer! Heimlich steckte sie beiden ein paar Süßigkeiten zu.

„Aber verratet mich nicht", flüsterte sie zum Abschied. „Du weißt ja, Max, dein Papa sieht es nicht gerne, wenn du zu viel naschst."

Manni verstand nicht, was Oma Rosl meinte. Klar, Max war wirklich ein bisschen pummelig – aber

war das wichtig? In Ballnanien spielte es jedenfalls keine Rolle, ob ein Manni dick oder dünn war – Hauptsache, er konnte Fußball spielen. Max war nett und ziemlich clever, reichte das etwa nicht?

„Schau, da vorne, der mit der Kamera!" Aufgeregt deutete Max auf einen Mann, der kunterbunt angezogen war und riss Manni aus seinen Gedanken. Die langen grauen Haare des Mannes waren wild gelockt und ganz durcheinander, ein Fotoapparat baumelte vor seinem Bauch. „Das ist Antonio Lagerfeld, unser Sportjournalist und Fußball-Fachmann!"

Antonio sah aus wie ein verrückter Professor, fand Manni. Er trug sogar eine Fliege um den Hals. Seine farbenfrohe Kleidung war wirklich abenteuerlich zusammengestellt. Außerdem murmelte er die ganze Zeit irgendetwas vor sich hin und wirkte ziemlich zerstreut.

„Du bist also Manni Ballnane aus dem geheimnisvollen Ballnanien!" Antonio war schon wieder vor allen anderen informiert – er war wirklich ein guter Reporter! Ohne eine Antwort abzuwarten, begann er sofort, Manni von allen Seiten zu fotografieren. Dabei redete er ununterbrochen auf ihn ein: „Eine bescheidene Frage: Wie kommen die Bälle dort auf die Bäume? Spielt ihr Mannis wirklich jeden Tag Fußball? Ihr seid so lang und krumm – stört das nicht beim Flanken? Und wer trainiert euch eigentlich?"

„Antonio!" Max zog fest an der bunten Jacke des Sportreporters. „Das ist mein neuer Freund, bitte lass ihn jetzt in Ruhe. Er hat eine weite und anstrengende Reise hinter sich."

„Ach so, ich wollte natürlich nicht stören." Erstaunt hielt Antonio Lagerfeld inne – um sofort nachzuhaken: „Dann bist du also gar nicht wegen des Goldenen Knödels hier?"

„Ballinga! Was für ein Knödel?" Entgeistert starrte Manni Antonio und Max an.

„Der FC Grünstadt will in diesem Jahr endlich einmal gegen die Rothosen gewinnen", erklärte Max ihm hastig. „Sonst wird es auch diesmal nichts mit dem Pokal."

Manni erfuhr, dass die beiden Teams jede Saison aufs Neue um einen prachtvollen Pokal spielten, der wirklich aussah wie ein Knödel! Der FC Grünstadt hatte ihn jedoch vor zwanzig Jahren das letzte Mal gewonnen – damals noch mit Walter Neuberger als Mannschaftskapitän.

„Ballinga!", entfuhr es Manni. „Seitdem habt ihr nicht mehr gewonnen?"

„Leider nicht", murmelte Max niedergeschlagen. Antonio ergänzte bekümmert: „Für den Sieg ist wohl ein Wunder nötig. Die Mannschaft ist eigentlich ganz gut, aber ..." Er begann mit einer ausführlichen Analyse der Stärken und Schwächen aller Spieler. Manni hörte aufmerksam zu; der Mann hatte wirklich Ahnung von Fußball!

„Am besten, du kommst morgen zum Training und schaust es dir einfach mal an", beendete Antonio seinen Vortrag und klopfte Manni auf die Schulter.

Max strahlte über das ganze Gesicht. Das war eine gute Idee! Vielleicht konnte Manni ihnen ja helfen, diesen Goldenen Knödel doch irgendwie zu gewinnen. Schließlich kam er aus Ballnanien, wo die Bälle auf Bäumen wuchsen und jeder Fußball spielen konnte! Auch wenn die meisten Menschen in Grünstadt wahrscheinlich nicht glaubten, dass es dieses geheimnisvolle Land gab – Max tat es, Antonio sowieso und Oma Rosl ganz bestimmt auch.

MANNI war den ganzen Tag mit Max durch Grünstadt gelaufen und hatte viele Menschen kennengelernt, die dort wohnten. Am Abend, als Max nach Hause musste, war er zurück an den Strand gekehrt, obwohl Oma Rosl ihm das Gästebett angeboten hatte. Es war Manni wichtig, mit Ballito die Sonne zu verabschieden. Außerdem hoffte er, irgendein Zeichen aus Ballnanien zu bekommen, um bald heimkehren zu können. Doch so sehr er auch zum fernen Horizont und zum hellen Mond starrte – er entdeckte nichts.

Als er dann erschöpft in seiner Hütte lag, dachte er darüber nach, was er alles erlebt hatte.

Max ist wirklich nett. Nur warum war er so komisch, als ich mehr über seine Fußballmannschaft wissen wollte?, fragte Manni sich.

Und was meinte Antonio damit, dass nur ein Wunder dem FC Grünstadt helfen könnte?

Seine letzten Gedanken gingen zu Oma Rosl. Dann schlief er mit einem Lächeln im Gesicht ein.

Manni träumte. Und wie er träumte! Er war wieder auf dem Meer. Wild schaukelte er in der Holzkiste über die hohen Wellen. Überall waren Blitze, die ihn trafen und durch seinen ganzen Körper zuckten! Es tat nicht weh – aber jedes Mal, wenn er danach zu sich kam, hatte er sich verwandelt: erst in Manni Mauer, dann in Manni Beinhart und später sogar in Manni Tornado! Das waren seine Freunde in Ballnanien. Wie war das möglich?

Am nächsten Tag erinnerte Manni sich verwundert an den merkwürdigen Traum. Das war ja wie Zauberei gewesen!

ALS MANNI ins helle Sonnenlicht vor die Hütte kroch, wartete Max schon auf ihn. Er war, ohne Zähne zu putzen, gleich nach dem Aufstehen losgerannt – so sehr hatte er sich auf Manni gefreut!

„Hallo, gut geschlafen?" Max lächelte ihn vergnügt an.

„Ja klar, die Hütte ist wirklich cool", murmelte Manni, der in Gedanken noch bei seinem Traum war.

„Komm, wir gehen zu Oma Rosl frühstücken – und danach zum Training", schlug Max vor. Das war eine gute Idee, denn Manni hatte ordentlich Hunger! Er schnappte sich seinen Ball und machte sich mit Max auf den Weg.

Oma Rosl wartete schon mit warmem Zwetschgenkuchen, Vanilleeis und Schokoladen-Pfannkuchen auf die beiden.

Ballinga, das war lecker!, fand Manni. Ob es in Grünstadt immer so gutes Frühstück gab?

Mit vollen Bäuchen und zufriedenen Gesichtern kamen Manni und Max beim FC Grünstadt an. Manni freute sich: Endlich würde er wieder Fußball spielen! Doch Max' Vater nickte ihnen nur kurz zu und beachtete sie nicht weiter. Er wies gerade zwei Mannschaften ein. Dabei wirkte er nicht besonders freundlich. Das wunderte Manni. Wo waren denn die Mädchen? Es gab doch Mädchen in Grünstadt, Lotta hatte er gestern schon kennengelernt.

Dafür war Leon nicht zu übersehen. Leon war groß, laut und eindeutig der Anführer. Alle taten, was er sagte, und jeder schien ein bisschen Angst vor ihm zu haben. Er war ein guter Spieler, das erkannte Manni sofort, doch nett zu den anderen war er nicht. Außerdem gab er den Ball nie ab, sondern wollte immer allein aufs Tor schießen.

„Los, Leon, du machst das!", feuerte Walter ihn an und schob hinterher: „Hey, faule Bande, bewegt euch mal, alle nach vorn, aber zackig!"

Nett klang das nicht. Es schien auch niemandem wirklich Spaß zu machen – außer Leon natürlich. Manni wunderte sich sehr. Das war doch kein Fußball!

„Warum spielst du nicht mit?", fragte er Max.

„Papa findet, ich bin zu langsam", antwortete Max traurig. „Und Leon sagt, ich stehe immer im Weg."

Manni schluckte. Max tat ihm leid. Trotzdem fragte er vorsichtig nach: „Auf welcher Position spielst du denn?"

„Ich sitze meistens auf der Ersatzbank", erklärte Max schulterzuckend. „Dabei bin ich Linksfüßler und könnte links außen vielleicht ... " Weiter sprach er nicht.

„Allerdings!", unterbrach Antonio das Gespräch der beiden. „Wenn ich mir die Anmerkung erlauben darf ..." Der Sportreporter war unbemerkt neben sie getreten und hatte das Gespräch offenbar mitbekommen. „Walter war ja selbst ein richtig guter Spieler, aber als Trainer holt er aus den Jungs nichts raus. Dabei könnten einige viel mehr leisten!"

Manni fragte nach und erfuhr, dass niemand, außer Leon, wirklich gerne zum Fußballtraining ging. Da man in Grünstadt aber nur auf dem Trainingsplatz spielen durfte, kamen die Jungs trotzdem.

„Aber so kann man doch keine Mannschaft werden!" Manni Ballnane konnte es gar nicht glauben. „Wie soll der FC Grünstadt denn so gewinnen?"

Genau das war die entscheidende Frage, darum beschloss Antonio zu handeln. Mit energischem Schritt stapfte er quer über den Rasen. Die anderen hörten erstaunt auf zu spielen.

„Hey, Walter, hier ist einer, der könnte uns und dem FC Grünstadt vielleicht helfen!" Antonio wedelte mit seiner Kamera und zeigte auf Manni. Weiter kam er nicht, denn schon ließ Manni Ballito auf den Rasen kullern und rannte los. „Ballinga, Max, Doppelpass, dann eine Bananenflanke, das ist unser Lauf!" Das ließ Max sich nicht zweimal sagen. Und Ballito? Der Ball sprang vergnügt zwischen beiden hin und her; offenbar mochte er den weichen Rasen.

„Was fällt dir ein, einfach mein Training zu stören!", rief Walter aufgebracht zu Manni hinüber. „Ich bin hier der Trainer! Und lass Max aus dem Spiel, der schafft das eh nicht!"

„Klar, natürlich, der Trainer bist du", beschwichtigte Antonio ihn. „Aber schau doch mal, wie toll die beiden das machen. Außerdem sind Mannis im Fußball spitze!"

„Ach ja?" Zweifelnd ließ Walter seinen Blick über Manni gleiten, dann sah er zu Max. Sein Sohn schaute ihn bittend an. Walter dachte fieberhaft nach: Antonio hatte schon häufiger vom geheimnisvollen Ballnanien erzählt – doch niemand hatte ihm geglaubt. Und wenn nun wirklich etwas dran war? Antonio würde nicht nachlassen. Andauernd hatte er Fragen, hakte nach. Er war manchmal sogar richtig lästig. Walter hatte also keine Wahl, das war ihm klar.

„Also gut." Walter rief die Trainingsteams zu sich. „Leon, du wechselst zu den Weißen. Manni und Max, ihr spielt anstelle von Leon bei den Schwarzen. Und los!"

Lachend trabten die Jungs davon.

„Eine Riesenbanane, die Fußball spielt, was ist das denn?", hörte Manni Theo sagen. Leon verkündete laut: „Aufgepasst! Ein Schuss und es gibt Bananenmus!" Das reimte sich zwar nicht richtig, aber die anderen grinsten trotzdem.

Waren hier alle so unfreundlich zueinander? Manni wunderte sich sehr. Man konnte doch nicht miteinander spielen, wenn man sich übereinander lustig machte! Langsam dämmerte ihm, warum Max so zurückhaltend war, wenn es um das Training ging. „Ballinga!", rief er daher laut über den Platz und warf seinen Ball wieder auf den Rasen. „Pass auf, Max, hier kommt Ballito!"

Schon stürmte Leon herüber, doch mit einem gekonnten Haken trickste Manni ihn aus und schob den Ball zu Max.

„Lauf, Max, zeig's ihnen!", feuerte Manni ihn an, während Leon erstaunt auf den leeren grünen Fleck vor seinen Füßen starrte. Und Max verblüffte alle: Weit vor dem Elfmeterraum setzte er von links außen zum Schuss an …

„Toooor", jubelten die Schwarzen und klopften Max anerkennend auf den Rücken.

„Ballinga!", rief Manni ihm zu und hielt den Daumen hoch. Max strahlte wie ein Honigkuchenpferd.

„Was für eine sensationelle linke Klebe", freute sich auch Antonio. Sofort machte er ein Foto. Und Walter Neuberger? Der war sprachlos.

PLÖTZLICH waren alle im schwarzen Team wie ausgewechselt! Keiner lachte mehr über Manni und Max. Im Gegenteil: Robin, Theo, Paul, Michi, Franz, Moritz und all die anderen wollten auch zeigen, was in ihnen steckte. Sie rannten mit lauten „Ballinga"-Rufen über den Platz. Deshalb rief Manni die Mannschaft erst einmal zu sich. So ging das natürlich auch nicht. Er hatte die Spieler genau beobachtet. Nun besprach er mit jedem seine Stärken. Das war neu für die Jungs – war tatsächlich jeder auf seine Weise gut und wichtig fürs Team?

Allerdings! Robin zum Beispiel war besonders schnell, Paul dafür ein guter Zweikämpfer und Manndecker. Der lange Theo war perfekt für Kopfballtore und Max würde, das war klar, ab sofort alle Ecken von links reinflanken.

„Und wir?" Eine Gruppe Mädchen war am Spielfeldrand aufgetaucht – allen voran die rothaarige Lotta. „Wir wollen auch mitspielen!"

„Na logo!" Manni winkte sie zu sich herüber. Walter, der mit seinen Jungs am anderen Ende

des Platzes wartete, verdrehte die Augen. Jetzt sollten also auch noch die Mädchen mitkicken, was für ein verkorkster Tag! Aber das Training war sowieso nicht mehr zu retten, fand er, da spielte das auch keine Rolle mehr. Er nickte, woraufhin sofort drei der Mädchen zu Walter hinüberliefen.

Lotta, Theresa und Kiki kamen in Mannis Team.

„Lotta, übernimmst du das Mittelfeld?", fragte Manni.

Stolz lief Lotta auf ihre Position. Theresa und Kiki sollten die Verteidigung unterstützen.

Ein ungeduldiger Pfiff kündigte an, dass es weiterging. Walter war solche Unterbrechungen im Training nicht gewohnt. Dieser Manni brachte wirklich alles durcheinander!

„Nun aber mal flott, ihr Weißen!", brüllte er seine Mannschaft an. „Macht sie fertig! Alle Mann nach vorne!"

„Ballinga, Jungs und Mädels!", rief Manni den Schwarzen zu. „Immer daran denken: Wir sind ein Team! Also unterstützt euch gegenseitig, okay?" Alle nickten eifrig.

„Hey, Glühwürmchen, mit deinen roten Haaren bist du eh nicht zu übersehen!", rief Moritz quer über den Platz zu Lotta und lachte. Doch es war nett gemeint, das merkte hier jeder. Lotta streckte ihm vergnügt die Zunge raus.

Die Weißen griffen sofort an – allen voran Leon. Manni nickte anerkennend. Leon konnte wirklich gut spielen. Schade nur, dass er es nicht mit den anderen zusammen tat! Deshalb kam er auch nicht besonders weit – es war niemand da, der ihm beim Angriff half. Kein Wunder also, dass Michi, Franz und Theresa ihn frühzeitig stoppen konnten.

Wütend trabte Leon zurück in seine Spielhälfte, während das schwarze Team überraschend einen Angriff über Linksaußen aufbaute. Da die Weißen alle nach vorne gestürmt waren, hatten erst Lotta und Robin, dann Max und Paul keine Mühe, den Vorsprung weiter auszubauen. 2:0 stand es nun – die Stimmung bei den Schwarzen stieg.

„Das ist ungerecht, die haben so gute Spieler!", hörte man aus den Reihen der Weißen. „Ja, und wir haben nur Leon!", schob ein zweiter Junge hinterher. Nun wurde Walter fuchsteufelswild! In seiner Mannschaft duldete er kein Gemecker! Mit einem energischen Pfiff unterbrach er das Spiel und rief beide Mannschaften zusammen.

„So geht es nicht!", brüllte er über den Rasen. „Hier wird gespielt und nicht gemotzt, ist das klar?"

„Aber wir spielen doch, Papa", wandte Max ein und Lotta ergänzte triumphierend: „Und zwar richtig gut!"

Sprachlos starrte Walter seinen Sohn an. Er hatte ihm noch nie widersprochen! Allerdings hatte Max recht, das musste er zugeben.

„BALLINGA! Was haltet ihr davon, wenn wir noch einmal von vorne beginnen?", schlug Manni Ballnane nun vor. „Jeder bekommt einen festen Platz in seiner Mannschaft und darf genau das machen, was er gut kann."

Begeistert klatschte das weiße Team in die Hände. Und Walter? Der zuckte ratlos mit den Schultern. Schweigend sah er zu, wie Manni mit den Spielern sprach.

„Äh, ich hätte da mal eine Frage ..." Antonio Lagerfeld zupfte Walter am Ärmel. „Es geht um das Pokalspiel. Können wir uns darüber vielleicht am Spielfeldrand unterhalten?" Walter zögerte, schließlich war er der Trainer vom FC Grünstadt. Er musste aufpassen, dass die Kinder keinen Quatsch machten. Andererseits schien Manni Ballnane zu wissen, was zu tun war. Also folgte er dem Reporter seufzend.

In der Zwischenzeit hatte Manni die Teams neu eingeteilt. Bei den Weißen hatte er den starken Leon als Stürmer eingesetzt, ihm aber mit Anton einen klugen Mittelfeldspieler zur Seite gestellt. „Das klappt jedoch nur, wenn du den Ball auch mal abgibst und die anderen anspielst", schärfte Manni ihm zusätzlich ein, ehe er das Spiel erneut anpfiff.

Beide Mannschaften kämpften eine Weile, ohne wirkliche Torchancen zu haben. Dann passierte es: Der geschickte Paul übersah bei einem Dribbler ausgerechnet das Schienbein von Leon, der gekonnt und laut stöhnend zu Boden fiel. Ob es wirklich so weh tat?

„Halt, Freistoß!", entschied Manni sofort. Ängstlich schauten die Schwarzen sich an, als Leon lächelnd wieder aufstand. Ein Schuss von Leon aus dieser Entfernung war normalerweise unhaltbar für den Torwart.

Doch Manni Ballnane machte Franz, der für die Schwarzen im Tor stand, Mut: „Du bist stark wie eine Mauer und kannst das!" Gleichzeitig dachte er an seinen Freund Manni Mauer aus Ballnanien. Wie schön wäre es, ihn hier dabei zu haben! Er würde den Schuss von Leon ganz sicher aufhalten.

In diesem Moment blitzte es kurz. Erst machte es *zisch*, dann *plopp* – und aus Manni Ballnane wurde plötzlich Manni Mauer! Wie in seinem Traum hatte er dabei nichts gespürt. Ballinga! Manni schaute an sich hinunter und sah die übergroßen Hände.

„Wow!", entfuhr es Max, während die beiden Mannschaften ihn entgeistert anstarrten. Was war denn das für ein Zauber? Da Manni es auch nicht so genau wusste, tat er einfach so, als wäre es das Normalste auf der Welt. Eine Banane war schließlich eine Banane und ein Spieler war ein Spieler! Als wäre nichts Ungewöhnliches passiert, marschierte Manni zum Tor. Er erklärte Franz, worauf es jetzt ankam: „Du stehst im Tor, weil hier alle wissen, dass man sich auf dich verlassen kann. Du strahlst Ruhe aus, hast gute Reflexe – und du kennst deine Mitspieler genau. Das ist deine Stärke, nutze sie! Den Ball schnappst du dir! Ballinga!"

Schon lächelte Franz wieder. Manni hatte recht, er war stark wie ein Fels in der Brandung. Ohne Furcht schaute er Leon zu, der viel zu viel Anlauf nahm, um dann mit einem grandiosen Schuss weit über das Tor hinaus zu schießen! Leon fluchte und schlich mit knallrotem Kopf zurück zu seiner Mannschaft. Alle starrten ihn an: die einen erstaunt, die anderen sauer.

„Leon, was ist denn heute mit dir los?", rief Walter vom Spielfeldrand herüber.

„Halb so schlimm", mischte Manni Ballnane sich ein. Er hatte sich inzwischen zurückverwandelt. „Ihr werdet schon sehen, wie man mit Leon zusammen die schönsten Tore schießen kann. Ballinga, Leon, weiter geht's! Nicht unterkriegen lassen!"

Das Spiel wurde nun schneller. Auch Max' Vater und Antonio Lagerfeld bemerkten die Veränderung und verfolgten gespannt das Geschehen auf dem Platz. Lotta verteilte die Bälle gut, doch Leon begriff schlagartig, dass er mit Doppelpässen die gegnerischen Spieler umgehen konnte. Deshalb suchte er immer wieder seine Mitspieler, um sie anzuspielen. Dumm nur, dass seine Mannschaft darauf nicht vorbereitet war: Die anderen waren es gewöhnt, dass Leon laut und grob auf dem Rasen herrschte. Jetzt wollte er gemeinsame Sache machen – das war gar nicht so einfach!

Manni erkannte die Schwierigkeit schnell. Er beschloss, Leon zu helfen. „Hey, Leon, kennst du Manni Tornado?", rief er ihm zu.

Leon schüttelte den Kopf.

„Ballinga! Dann pass mal auf!" Manni dachte fest an seinen Freund aus Ballnanien. Wieder blitzte es kurz, erst machte es *zisch*, dann *plopp* – und Manni Ballnane hatte sich in Sekundenschnelle in Manni Tornado verwandelt! Sogar die coole Sonnenbrille seines Freundes hatte er nun auf!

„Oh, was für ein toller Typ!", quietschte Lotta aufgeregt.

„Ist der lässig!", schwärmte Kiki.

Und Theresa schmachtete: „So ein süßer Kicker!"

Manni Tornado ließ sich davon nicht ablenken. Im Gegenteil: Er wirbelte über das Spielfeld direkt zu Leon und boxte ihn kameradschaftlich in die Rippen. „Komm, Leon, jetzt mischen wir den Laden mal so richtig auf!"

Das ließ Leon sich natürlich nicht zweimal sagen. Gemeinsam stürmten sie in die gegnerische Hälfte und spielten sich den Ball in atemberaubendem Tempo zu. Zwar versuchten Kiki, Theresa und Moritz sie aufzuhalten, doch sie hatten keine Chance.

„Tooor!", schrien nun die Weißen und freuten sich über den Anschlusstreffer.

„Ballinga!", rief Manni, der wieder zu Manni Ballnane geworden war.

Und Leon? Der jubelte. Er hatte etwas Wichtiges verstanden: Alleine kann man im Fußball nur selten etwas erreichen; es kommt darauf an, gut mit anderen zusammenzuspielen. Kein Wunder, dass Manni Tornado vorhin laut gerufen hatte: „Nur gemeinsam sind wir stark!"

Nachdem die weiße Mannschaft sich wieder beruhigt hatte, rief Manni sie zu sich. „Seht ihr", fragte er in die Runde, „wie rund alles läuft, wenn man miteinander und nicht gegeneinander spielt?"

Alle nickten eifrig.

„Hey, Leon, super Schuss!", stellte Anton anerkennend fest. Zufrieden grinste er Leon an.

„Danke, aber ohne die sensationelle Flanke von Manni Tornado wäre mein Schuss nicht drin gewesen", gab Leon zu und klopfte Manni auf die Schulter. „Bist ein cooler Typ, Manni. Toll, dass du mit uns trainierst!"

Entgeistert starrte das weiße Team Leon an. So etwas hatte er noch nie gesagt! Leon konnte nett sein und andere loben? Das war für die meisten eine ganz neue Erfahrung.

„Mann, Leon, du Dödel!", rief Anton aus. „Da muss erst eine kickende Banane kommen, damit du kapierst, wie es geht!"

Alle lachten, auch Manni Ballnane. Er freute sich ganz besonders, denn für Mannis war das gemeinsame Fußballspielen fast das Wichtigste auf der Welt. Ballinga!

DAS SPIEL ging weiter, während Walter Neuberger und Antonio Lagerfeld mit offenen Mündern an der Außenlinie standen und staunten.

„Mal ehrlich, Walter, hättest du das gedacht?" Begeistert verfolgte Antonio einen gekonnten Angriff von Lotta und Max, der mit einem gezielten Schuss des Mädchens in die linke obere Torecke und großem Jubel endete.

„3:2! Klasse, Glühwürmchen!", brüllte Anton quer über den Platz, während die anderen im Team Lotta umarmten.

„Nein, natürlich nicht", brummte Walter, nachdem sich das Geschrei auf dem Rasen wieder beruhigt hatte. „Früher wäre es undenkbar gewesen, zusammen mit Mädchen zu spielen."

„Ich weiß, Walter, ich weiß." Antonio lächelte. „Aber die Zeiten haben sich geändert, mein Freund. Und ich glaube, das ist gar nicht so schlecht, was meinst du?"

Walter antwortete nicht. Gespannt folgte sein Blick Max, der schon wieder links außen vorstürmte. Er war zu langsam, wie immer. Wenn er doch nur nicht so viele Süßigkeiten essen würde! Doch Walter verbiss sich seinen Kommentar – zumal Max angespielt wurde, den Ball im Flug annahm und weiterflankte. Unglaublich! Walter hielt es kaum am Spielfeldrand aus. Wieso hatte er nie gesehen, was wirklich in seinem Sohn steckte?

Die Weißen waren wieder am Zug. Verbissen hatten sie im eigenen Strafraum um den Ball gekämpft und ihn auch gewonnen. Der nachfolgende Konter war dank Leon und seinen Mitspielern so schnell, dass die Schwarzen keine Chance hatten. Ein gezielter Schuss von Leon auf einen Mitspieler, der nur noch ins Tor treffen musste. Es stand 3:3. Ganz schön spannend!

Und Manni Ballnane? Der war immer mittendrin im Geschehen, was Walter ziemlich wunderte. Ein Trainer gehörte doch an den Spielfeldrand! Oder etwa nicht?

Manni sah das ganz anders. Er bemerkte nämlich, dass beide Teams langsam müde wurden. Klar, nach so vielen Angriffen! Doch nun kam es darauf an durchzuhalten und trotzdem mit vollem Einsatz weiterzuspielen. Sofort fiel ihm sein Freund Manni Beinhart ein. Er gab immer alles – bis zur letzten Minute. Mutig stürzte Manni Beinhart sich in jede Spielsituation, war dabei meist etwas lauter als alle anderen und ziemlich ungestüm. Aber er hatte oft Erfolg damit. Und wenn nicht? Auch nicht schlimm. Denn Manni Beinhart ärgerte sich zwar ein bisschen über ein verlorenes Spiel, konnte jedoch immer anerkennen, wenn andere besser waren. Das war seine allergrößte Stärke, fand Manni Ballnane.

Während Manni über seinen Freund nachdachte, machte es schon wieder erst *zisch*, dann *plopp* – und Manni Ballnane hatte sich in Sekundenschnelle in Manni Beinhart verwandelt! Richtige Muckis hatte er jetzt, ein lässiges Stirnband um den Kopf und leider auch die Zahnlücken, die sich sein Freund bei Rempeleien geholt hatte. Hoffentlich verschwanden die wieder, wenn der Zauber vorbei war!

„Hey, Manni, was ist mit deinen Zähnen passiert?" Max hatte es sofort bemerkt. Er kicherte. Doch Manni hatte sich unnötige Sorgen gemacht. Nachdem er beiden Teams als Manni Beinhart gezeigt hatte, wie wichtig voller Einsatz bis zur letzten Minute war, wurde er wieder zu Manni Ballnane mit allen seinen Zähnen.

„Eins dürft ihr nie vergessen", beendete er das Trainingsspiel. „Ihr müsst im Fußball immer fair bleiben. Denn unfair ist uncool!"

„Stimmt", sagte Lotta. „Und wer am Ende gewinnt, ist gar nicht so wichtig. Hauptsache, es macht allen im Team Spaß!"

IRGENDWANN war das Training vorbei – auch wenn alle gerne viel länger miteinander gespielt hätten. So viel Spaß hatte es lange nicht mehr gemacht! Walter wunderte sich sehr: Normalerweise wollte jeder nach dem Training schnell nach Hause, aber heute? Immer noch kickten Leon, Lotta und die anderen vergnügt die Bälle hin und her.

„Feierabend!", rief Walter energisch und klatschte laut in die Hände. „Räumt die Bälle noch auf und dann ab nach Hause!"

Er wandte sich Manni Ballnane zu, der gemeinsam mit Max und Antonio auf ihn wartete: „Das kommt vielleicht ein bisschen plötzlich, aber ..." Er druckste verlegen herum, ehe er sich einen Ruck gab und weitersprach: „Also, ich finde, wir sollten heute Abend bei uns im Garten zusammen grillen. Ich weiß, ich war nicht besonders freundlich, aber ..."

„Oh, Papa, das ist eine super Idee!" Max hüpfte vor Freude von einem Bein auf das andere.

„Ballinga, das ist cool!", rief Manni, der richtig Lust auf ein Grillwürstchen hatte. Antonio, der nichts verpassen wollte, lud sich einfach selbst dazu ein!

Sie saßen zusammen, bis es dunkel wurde, und redeten – natürlich über Fußball! Walter vergaß sogar, Max ins Bett zu schicken! Denn wenn es um Fußball ging, war dem Trainer des FC Grünstadt alles andere egal. Darin war er Manni Ballnane ziemlich ähnlich.

Manni erfuhr, dass Walter Neuberger einmal einer der allergrößten Fußballstars des Landes gewesen war. Eine Legende sozusagen. Heute hatte Walter zum ersten Mal gemerkt: Das allein reichte nicht aus, um ein guter Trainer zu sein. Deshalb hatte er Manni auch eingeladen.

„Hast du Lust, den FC Grünstadt bis zum großen Spiel mit mir gemeinsam zu trainieren?", fragte er Manni. „Ich glaube, wir wären ein gutes Team und die Mannschaft hätte dann echt eine Chance!"

„Ballinga, na klar!" Vergnügt biss Manni in seine Bratwurst.

„Jippiiiieh!", rief Max. Wie gut, dass er Manni und seinen Ball am Strand gefunden hatte.

„Aber nur unter einer Bedingung", forderte Manni, als Max sich wieder beruhigt hatte.

„Welche?" Unsicher schaute Walter ihn an.

„Dass ab sofort überall in Grünstadt Fußball gespielt werden darf!" Manni grinste breit und hielt Walter seine Hand hin. Der schlug nach kurzem Zögern ein. So einfach war das plötzlich.

„Ballinga", murmelte Antonio Lagerfeld, während er eifrig in sein Notizbuch kritzelte. Das waren ja interessante Neuigkeiten für die Zeitung!

SCHON AM NÄCHSTEN TAG wurde in Grünstadt wieder trainiert. Doch diesmal war alles anders! Walter stellte Manni Ballnane als zweiten Trainer vor! Er überließ ihm tatsächlich das komplette Training. Max konnte es kaum glauben. Das war wirklich ein kleines Wunder!

Alle waren mit Feuereifer dabei, obwohl auch Manni auf das unbeliebte Aufwärmen bestand.

„Ihr müsst eure Muskeln vorbereiten, da führt kein Weg daran vorbei", erklärte er. Aber dann wurde es richtig lustig!

„Ballinga, seid ihr bereit?", rief Manni in die Runde und Walter pfiff dazu, damit alle ruhig waren und aufmerksam zuhörten.

„Klar, Manni, klar, Trainer!", riefen Max, Lotta, Leon und die anderen aufgeregt.

„Gut. Dann erkläre ich euch mal ein paar Spielregeln, okay?" Alle nickten eifrig.

„Immer, wenn der Trainer lange pfeift, heißt das für euch: in einem Kreis zusammenkommen, Ballinga?" Manni schaute jeden Einzelnen an, bevor er fortfuhr: „Das üben wir jetzt mal!"

Was so einfach klang, war dann doch schwieriger, als alle dachten. So ein Kreis musste rund sein – es klappte erst beim dritten Versuch!

„Ballinga!", freute Manni sich. „Nun können wir loslegen." Er zückte ein schwarzes Tuch und tauschte einen vergnügten Blick mit Walter, dem das Ganze sichtlich Spaß machte.

„Wir trainieren jetzt Torschüsse", begann Manni, die Übung zu erklären. Dann stellte er sich hinter dem Elfmeterpunkt auf. „Mal schauen, was ihr so draufhabt!" Er winkte Leon zu sich, der lässig herbeischlenderte. Das war doch eine leichte Übung!

„Also, in Ballnanien üben wir das so", sagte Manni und verband dem verblüfften Top-Stürmer des FC Grünstadt die Augen. Dann forderte er Leon auf, sich dreimal um sich selbst zu drehen! Leon schwankte und kämpfte mit dem Schwindel. Er murrte laut und wollte sich schon die Augenbinde herunterreißen, als Manni ihn aufforderte: „So, mein Lieber, jetzt zeig mal, was du draufhast. Knall den Ball ins Tor!"

„Aber ich sehe doch gar nichts!", protestierte Leon empört.

„Steht ja auch kein Keeper im Tor", antwortete Manni vergnügt. „Ist also ganz einfach: Du musst nur treffen."

Das war leichter gesagt als getan! Leon war immer noch schwindelig und er traf den Ball nicht richtig. Dadurch versprang er und rollte gemütlich in die falsche Richtung. Alle lachten, nur Leon war richtig sauer.

„So ein Quatsch", ärgerte er sich. Er gab Manni die Augenbinde zurück. Mit finsterem Blick stellte er sich zu Walter Neuberger. Warum griff der Trainer nicht ein?

Doch Walter dachte gar nicht daran, im Gegenteil: Mit einem lauten „Ballinga, wer traut sich jetzt?", forderte er die anderen auf, es auch zu versuchen. Noch nie hatte man so viel Gelächter auf dem Fußballplatz gehört! Lotta und Kiki bekamen einen Lachanfall, als Michi seinen Ball verfehlte und auf dem Hintern landete. Den anderen ging es nicht besser. Jeder kam an die Reihe – und nur wenige schafften es, das Tor beim ersten Versuch zu treffen.

Nun hatte auch Leon Spaß an der Sache gefunden und wollte es noch einmal probieren.

„Konzentrier dich auf den Ball", empfahl Manni ihm. „Und stell dir den Ball und das Tor vor deinem inneren Auge vor."

Es klappte!

„Ballinga!", schrien die anderen und freuten sich für Leon.

„Klasse Schuss", lobte Manni Ballnane ihn.

„Geht doch", schmunzelte Walter.

Alle wollten es ihm gleichmachen – und den meisten gelang es irgendwann auch. Zufrieden wechselten Manni und Walter einen Blick. Es war Zeit für eine neue Übung.

Ein langer Pfiff ertönte. Das war das Zeichen für den Kreis! Der sah zwar eher aus wie ein Ei, aber alle hörten aufmerksam zu, was Walter erklärte, während Manni im Hintergrund Hütchen aufstellte.

„Jeder bekommt einen Ball und versucht, ihn möglichst schnell durch den Parcours zu dribbeln, okay?" Sie nickten eifrig.

„Am Ende des Parcours wartet ein Kreis, das ist für uns heute Ballnanien. Könnt ihr ihn erkennen?" Zustimmendes Gemurmel folgte.

„Genau da müsst ihr hinkommen", beendete Walter seine Erklärung. „Aber aufgepasst: Erst wenn alle mit Ball im Kreis stehen, habt ihr es geschafft. Also helft euch und macht genügend Platz füreinander!"

Das war leichter gesagt als getan! Gut dribbeln konnten die meisten zwar, doch der Ballnanien-Kreis war so eng, dass Leon und die anderen Jungs die Mädchen Huckepack nehmen mussten, damit alle reinpassten. Zum Schluss fehlte nur noch Max, für den eigentlich kein Platz mehr war.

„Achtung, ich komme!", rief er und kickte seinen Ball einfach hoch zu Lotta, die ihn geschickt auffing. Dann nahm er Anlauf und sprang dem Nächstbesten in die Arme. Alle schwankten und kicherten, doch die Aufgabe war gelöst.

„Ballinga, wir sind ein Team!", hallte es laut über den Platz, sodass die Bewohner von Grünstadt erstaunt ihre Köpfe aus den Fenstern steckten.

Nun waren fast alle Grünstädter im Fußballfieber. Nicht nur die Mannschaft trainierte unter der Leitung von Manni Ballnane und Walter Neuberger für den großen Tag, nein – alle Kinder nutzen die Rasenflächen, die sie jetzt mit ihren Bällen betreten durften.

Jedes Training begann nun mit einem Spielerkreis.

„Euer Ball muss euer bester Freund werden", erklärte Manni der erstaunten Mannschaft. „Am besten, ihr gebt ihm einen Namen. Meiner zum Beispiel heißt Ballito. Ich mag ihn sehr." Stolz hielt er seinen sanft leuchtenden Ball aus Ballnanien in die Höhe.

„Ich nenn meinen Fritzi!", verkündete Robin und streichelte sanft über das Leder.

„Und ich meinen Joe", rief Leon. Plötzlich flogen hunderte Namen über das Spielfeld, bis Walter laut pfiff. Augenblicklich kehrte wieder Ruhe ein.

„Ballinga, wie schön, dass ihr Namen für eure Freunde sucht!", freute sich Manni. „Jetzt müsst ihr alle zusammen nur noch ein richtiges Team werden."

„Und wie soll das gehen?", fragte Max zaghaft nach. „Wir sind doch schon eine Mannschaft: der FC Grünstadt."

„Hmmm." Manni rieb sich die Stirn. „Da hast du natürlich recht. Dann zeigt mal, was in euch steckt. Ich hab da so eine Idee ..."

Kurze Zeit später waren alle auf dem Fußballplatz in Bewegung. Manni hatte Max und seinen Fußballfreunden eine Aufgabe gestellt, die es in sich hatte: Alle Bälle sollten im Spiel miteinander bewegt werden! Jeder musste also ununterbrochen annehmen und abspielen, wenn er nicht mit zwei oder mehreren Bällen vor den Füßen dastehen wollte. Das war extrem kniffelig und jeder kam richtig ins Schwitzen!

„Das klappt doch nur, wenn man um die Ecke schießen kann", beschwerte sich Michi, als er schon wieder mehrere Bälle auf sich zukommen sah, sodass er in Deckung gehen musste.

„Ihr müsst eben immer mit allen Spielern in Kontakt bleiben", antwortete Manni grinsend. „Und am besten die ganze Zeit Bananenflanken schießen!"

„Bananenflanken?", fragte Lotta. „Können wir das etwa auch lernen?"

„Na klar!", antwortete Manni verschmitzt. „Kommt her, ich zeig es euch. So schwer ist es gar nicht."

„Bananenflanke, das ist es! Ballinga!" Max nahm seinen Ball, den er Per genannt hatte, in die Hand. Dann stürmte er zu Manni und Walter.

„Was meint ihr?", rief er in die Runde. „Sollen wir uns von jetzt an Team Bananenflanke nennen? So heißt keiner – schließlich hat eine ganz besondere Banane uns allen Glück gebracht."

Sofort brachen alle in Jubel aus, und laute „Ballinga"-Schreie hallten über den Platz. Kein Wunder, dass Antonio Lagerfeld direkt mit seiner Kamera am Spielfeldrand auftauchte.

„Klasse Idee, Max!"

„Wow, ist das cool!"

„Juchuuuh, wir sind das Team Bananenflanke!"

Manni Ballnane strahlte über das ganze Gesicht. Walter Neuberger klatschte vergnügt in die Hände. Und Antonio? Der machte Fotos vom Team, das über den ganzen Platz verteilt Bananenflanken übte.

DER GROSSE TAG BRACH AN. Eine erwartungsvolle Stille lag über der Stadt. Und jeder fragte sich: Würde Grünstadt mit dem Team Bananenflanke endlich den Goldenen Knödel gewinnen?

Auch die Mannschaft war ungewöhnlich ruhig, als sie ein paar Stunden vor dem Anpfiff zusammenkam. Zwar wussten alle, dass sie zu einem richtig guten Team geworden waren – aber würde das gegen die starken Rothosen reichen?

„Klar schafft ihr das, Jungs", beschwor Walter sie. Vergnügt ergänzte er: „Und ihr Mädels sowieso. Ihr habt hart trainiert und gelernt, eure Stärken einzusetzen. Das ist das Wichtigste."

„Ballinga!", rief auch Manni in die Runde. „Ihr spielt mittlerweile sehr klug und flink – und ihr habt die Bananenflanken drauf! Damit rechnet der Gegner nicht. Macht einfach alles wie im Training, dann klappt es garantiert."

Doch als das Team Bananenflanke mit den siegessicheren Rothosen auf dem Platz stand, zweifelte mancher an Mannis Worten. Gegen diesen starken Gegner gewinnen? Unmöglich!

„Ballinga!", feuerte Max seine Mannschaft an und rannte los. Das ließen sich die anderen nicht zweimal sagen! Alle standen dort, wo sie sein sollten, sie rannten, stürmten, dribbelten und flankten – es war unglaublich. Das Publikum jubelte, weil das Team Bananenflanke einfach alles richtig machte: Wieder griff Leon mit einem sensationellen Spurt an. Lotta hatte ihn perfekt angespielt, nachdem Robin mit einem gezielten Kopfball im eigenen Strafraum geklärt hatte. Franz stoppte den Gegner mit Haken und Dribblern. Theresa und Kiki bildeten für jeden Angriff eine stabile Abwehr.

Und was machte Leon jetzt? Mit einer besonders krummen Bananenflanke gab er den Ball an Max weiter, der ihn mit seiner linken Klebe im Tor versenkte! Da nutzten auch die wütenden Rufe des gegnerischen Trainers nichts! Denn niemand hatte damit gerechnet, dass die Grünstädter so stark waren. Am Ende gewann das eingespielte Team mit 7:1 gegen die Spieler der Rothosen!

„Gewonnen!", jubelte das Team Bananenflanke. Sie ließen Manni Ballnane hochleben. Dann ging die Mannschaft geschlossen hinüber zu den Rothosen. Sie trösteten die enttäuschten Spieler und luden sie ein, gemeinsam mit den Grünstädtern zu feiern. Da schauten die Verlierer schon wieder etwas fröhlicher aus!

„Team Bananenflanke ist unschlagbar", kritzelte Antonio aufgeregt in sein Notizbuch.

„Endlich", murmelte Walter Neuberger gerührt, dabei wischte er sich eine Träne aus dem Augenwinkel.

Und Oma Rosl schwitzte wie noch nie zuvor, weil sie so viele Knödel für das Freudenfest kochen musste.

GANZ GRÜNSTADT FEIERTE. Der goldene Pokal, der so wunderschön knödelig aussah, war nach vielen, vielen Jahren wieder da. Nun stand er geheimnisvoll glänzend im Rathaus. Jeder gratulierte dem Team Bananenflanke – alle wollten etwas vom Ruhm der stolzen Jungs und Mädchen abbekommen.

Mittendrin kochte Oma Rosl an einem Stand Unmengen Knödel, die sie mit einem geheimnisvollen Goldpuder darüber servierte.

„Oma, ist das echtes Gold?", wollte Max von ihr wissen. Doch sie lächelte nur verschwörerisch. Aber Hauptsache, es schmeckte gut – und das tat es, denn Oma Rosl war die beste Köchin in Grünstadt, Ballinga!

Manni Ballnane genoss den Trubel. Natürlich auch die Knödel mit dem herrlich süßen Goldstaub darüber. Das waren ja Bälle zum Essen! So etwas gab es in Ballnanien nicht. Dabei wäre das bestimmt das Lieblingsessen aller Mannis, Ballinga!

Er stieß mit Walter Neuberger und großen Limonadengläsern auf das Weltklasse-Spiel an und gab Antonio geduldig ein Interview, obwohl der Reporter immer neue Fragen aus dem Ärmel zog. Dabei aß Manni mindestens 12 Knödel von Oma Rosl – so gut schmeckten sie ihm. Zu guter Letzt ließ er sich von Kiki, Theresa und Lotta dazu überreden, sich noch einmal in Manni Tornado zu verwandeln. Die Mädchen quietschten begeistert, obwohl der Zauber nur wenige Minuten dauerte.

Doch dann wurde Manni Ballnane auf einmal traurig. Er nahm Ballito ganz fest in den Arm. Mit ihm schlich er hinunter zum Strand. Was wohl Manni Tornado gerade machte? Ob er sich mit den anderen Mannis in Ballnanien von der Sonne verabschiedete?

Ach, wie gerne wäre Manni auch dabei gewesen! Er merkte nun, wie sehr ihm seine alten Freunde fehlten. Zwar hatte er in Grünstadt neue gefunden, doch zuhause war er nun einmal in Ballnanien, wo die Bälle sanft leuchteten und auf Bäumen wuchsen.

Auf einmal entdeckte er etwas. Ganz hinten am Himmel, dort am Horizont, leuchtete es! Man konnte es kaum erkennen, doch Manni war sich sofort sicher: Das war das Licht von Ballnanien. Es war ein Zeichen, das ihn zum Aufbruch mahnte. Nur wie sollte er dorthin kommen?

„MANNI, WO BIST DU DENN?"

Max hatte seinen Freund schon eine ganze Weile gesucht. Gerade war er auf die Idee gekommen, hinunter zum Strand zu laufen. Dort entdeckte er Manni und bemerkte sofort, dass er geweint hatte.

„Warum bist du denn so traurig?", erkundigte Max sich erstaunt. „Wir haben doch gewonnen!"

„Ach, Max ..." Manni seufzte schwer. „Ich bin gerne hier bei euch in Grünstadt, das musst du mir glauben, aber ..." Er brach ab, weil die nächste Träne über sein langes Bananengesicht kullerte.

„Du hast Heimweh!", stellte Max fest. Er nahm Manni Ballnane in den Arm und sagte: „Wir sind doch Freunde, Manni. Freunde sind immer füreinander da. Also helfe ich dir. Ich und all die anderen, Ballinga!"

Max sprang auf und rannte davon. Manni schaute ihm verwirrt hinterher.

Kurze Zeit später kehrte Max mit dem gesamten Team Bananenflanke zurück an den Strand – ausgerüstet mit Brettern, Werkzeug und Proviant von Oma Rosl. Sie hatte fünfundzwanzig Knödel in einen großen Korb gepackt!

„Wir bauen ein Boot für dich!", rief Leon aufgeregt.

„Die Paddel haben wir auch schon", krähte Lotta triumphierend.

„Damit du über das Meer nach Hause rudern kannst", sagte Max ganz leise und ergänzte im Stillen: „... und hoffentlich bald mal wieder kommst."

Manni war so gerührt, dass ihm die Worte fehlten. Schweigend sah er seinen Freunden zu. Alle waren plötzlich für ihn da, das war wirklich schön. Aber auch soooo traurig!

ALS DAS BOOT FERTIG WAR, trugen sie es gemeinsam hinunter zum Wasser: Max, Manni, seine neuen Freunde vom Team Bananenflanke – und Walter, der auch gekommen war, um sich zu verabschieden. Antonio Lagerfeld machte Fotos, während Oma Rosl immer mehr Süßigkeiten in das kleine Boot legte.

„Der Junge braucht doch etwas zu essen!", entschied sie. Sie ließ sich einfach nicht davon abbringen.

Nun war es soweit: Es hieß Abschied nehmen. Alle wurden ganz still.

„Max, du bist ein großartiger Fußballspieler und mein bester Freund außerhalb von Ballnanien", sagte Manni mit feierlichem Ton. Er sah ihm dabei fest in die Augen.

Max wurde ganz schwummerig davon. Wieso war Manni denn so ernst geworden?

„Deshalb möchte ich dir etwas ganz Besonderes schenken", fuhr Manni fort, „damit du immer an deine Stärken denkst." Er hielt ihm Ballito hin. „Hier, nimm. Ballito wird deine linken Kleben lieben!"

Sprachlos starrte Max ihn an. Meinte Manni das ernst? Ballito war Mannis Ein und Alles! Und jetzt verschenkte er ihn einfach so?

Als hätte Manni Ballnane die Gedanken von Max lesen können, erklärte er nun: „Max, wenn du, das Team Bananenflanke oder irgendwer sonst in Grünstadt Hilfe braucht, dann halte den Ball in der Abenddämmerung hier am Strand ganz hoch. Ich werde das Leuchten in Ballnanien sehen, denn der Mond ist nachts unser Verbündeter. Dann komme ich sofort. Versprochen."

Mit einem lauten „Ballinga!" schwang er sich ins Boot und fing an zu paddeln.

„Pass auf dich auf! Komm gut heim!", rief ihm ganz Grünstadt nach. Oma Rosl schluchzte ein wenig. Max schluckte. Aber er hatte Ballito und würde Manni Ballnane nie vergessen.

Ballinga!

TEAM BANANENFLANKE E.V. & ROUND TABLE DEUTSCHLAND

FUSSBALL KENNT KEINE GRENZEN!

TEAM BANANENFLANKE – TEAMGEIST, DER FRÜCHTE TRÄGT

MOTTO: FUSSBALL KENNT KEINE GRENZEN!

Das „Team Bananenflanke" ist ein innovatives Fußballprojekt speziell für behinderte und sozial benachteiligte Kinder und Jugendliche. Durch erlebnispädagogische Einflüsse sollen außergewöhnliche Emotionen geweckt werden und dazu beitragen, Persönlichkeit und soziale Kompetenzen zu entwickeln. Der Aufbau eines positiven Selbstwertgefühls steht dabei im Vordergrund.

Der Begriff „Bananenflanke" erreichte in den achtziger Jahren durch den deutschen Fußballnationalspieler Manfred „Manni" Kaltz Kultstatus. Er beherrschte es wie kein anderer, den Ball so krumm wie eine Banane in den Strafraum des Gegners zu schlagen. Da im Leben unserer Jugendlichen auch nicht alles „gerade" läuft, haben wir die Banane als unser Maskottchen gewählt.

GEBURTSSTUNDE: DER 30. MÄRZ 2011

Als wir eine Pressekonferenz mit behinderten Kindern in Regensburg planten, war uns noch nicht bewusst, dass die Strahlkraft des Fußballs einen so großen Einfluss auf unser weiteres pädagogisches Handeln haben würde.

Großen Anteil am Gelingen unserer Aktion hatten die geladenen Gäste: Michael Hofmann, Torwartlegende von 1860 München und damals beim SSV Jahn Regensburg unter Vertrag, und Jürgen Schmid,

Vereinsfußball zu spielen. Die BFL® soll gehört und gesehen werden, um den Bananenflanken-Profis Aufmerksamkeit und Anerkennung zu geben. Die Kids stehen im Mittelpunkt und sollen sich wie richtige "Profis" fühlen, um ihnen getreu nach dem Bananenflanken-Effekt ein positives Selbstwertgefühl zu geben. Damit wir dieses Ziel erreichen, gehören eine professionelle Ausrüstung und ausgebildete Trainer ebenso zum Konzept, wie auch ein Medientag und unser Maskottchen Manni Ballnane®. Die Punktspiele werden auf einem mobilen Soccer-Court auf öffentlichen Plätzen ausgetragen. Die Kooperation mit dem SSV Jahn Regensburg macht die BFL® noch mehr zu einem außergewöhnlichen Erlebnis.

damals Torjäger vom SSV Jahn Regensburg. Durch ihre einfühlsame Art gelang es den Profi-Fußballern im Handumdrehen, die Jugendlichen in ihren Bann zu ziehen. Die Krankheiten und Behinderungen rückten in den Hintergrund und es entstand eine ganz spezielle Atmosphäre. Das war die Geburtsstunde vom „Team Bananenflanke".

Das „Team Bananenflanke" und die Bananenflanken-Liga®

Die Bananenflanken-Liga® (BFL®) ist eine Fußball-Liga speziell für Kinder und Jugendliche mit Geistiger oder Lernbehinderung. Wir geben jungen Menschen mit Behinderung die Möglichkeit professionellen

Durch die Bereitstellung der Trainingsgegebenheiten, mit Jugendtrainern und Jahnprofis als Paten, ist die Bananenflanken-Liga® mittlerweile zu einem einzigartigen Projekt mit Strahlkraft in ganz Deutschland geworden. Deshalb wurde das Projekt von Bundespräsident Joachim Gauck 2015 mit dem "Großen Stern des Sports" in Gold ausgezeichnet.

Und wie geht es weiter mit dem Team Bananenflanke und der Bananenflanken-Liga®? Die BFL® wird sich auf andere deutsche Städte ausweiten, denn das Konzept macht Schule. Mit mehreren Standorten in Deutschland wollen wir professionellen Vereinsfußball für Kinder mit Behinderung salonfähig machen. Durch die Mithilfe von RoundTable Deutschland wird diese Vision nun Wirklichkeit.

Regensburg im September 2015
Ben Rückerl und Stefan Plötz

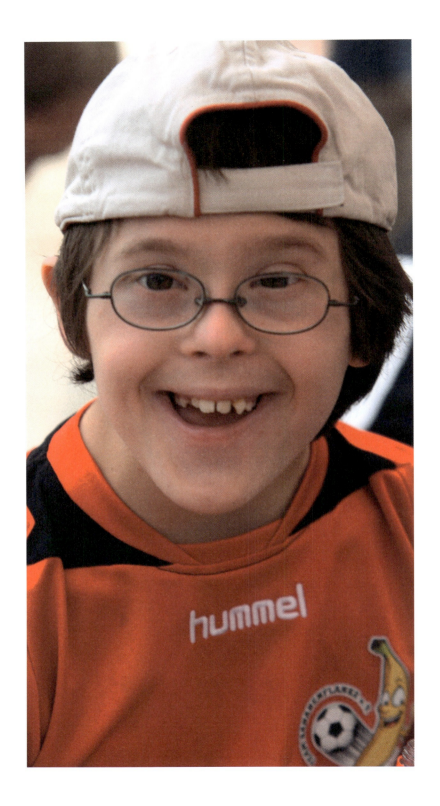

Was ist Round Table?

Round Table ist ein Serviceclub mit deutschlandweit rund 3.500 Mitgliedern, die an über 220 örtlichen Clubs, sog. „Tischen", organisiert sind. Weltweit hat Round Table mehr als 40.000 Mitglieder in über 70 Ländern.

Entstanden ist Round Table aus dem Geist des englischen Clublebens. Die Mitgliedschaft endet automatisch mit der Vollendung des 40. Lebensjahrs - so ist ein permanenter Zufluss von neuen Ideen gesichert.

Kern der Round Table-DNA ist der Dienst an der Allgemeinheit. Wir packen an, wo Politik und soziale Einrichtungen an Grenzen stoßen. Mach mit!

Was ist ein NSP?

Ein NSP ist das Nationale Service-Projekt von Round Table Deutschland. Es ist das Projekt, das die einzelnen Tische von Round Table in Deutschland neben ihrem eigenen Tischprojekt mit Spenden und/oder eigener Hände Arbeit unterstützen. Ein NSP ist in der Regel immer für ein Jahr gewählt. Es ist zwar durchaus möglich ein Projekt auch mehrmals hintereinander zum NSP zu wählen, dies ist aber eher die Ausnahme.

Gewählt wird ein NSP von den Vertretern der deutschen Tische auf ihrer Hauptversammlung (Annual General Meeting – kurz: AGM), die einmal im Jahr immer in einer anderen deutschen Stadt stattfindet.

Was ist die Round Table - Bananenflankenliga?

Die Round Table - Bananenflankenliga ist ein in Regensburg entstandenes und bislang einzigartiges Projekt – eine bundesweite Fußballliga für geistig behinderte Kinder und Jugendliche. Die Spieltage werden auf öffentlichen Plätzen mit mobilen Soccercourts ausgetragen. Professionelle Fußballtrainer und Pädagogen stehen für den Spielbetrieb sowie das Training zur Verfügung. Ziele sind die Stärkung des Selbstwertgefühls der Kids durch Fußballspielen vor großem Publikum, Aufklärungsarbeit und öffentliche Aufmerksamkeit.

Round Table Deutschland finanziert mittels Spenden- und Sponsorengeldern das Projekt bundesweit und strebt so einen nachhaltigen Ligabetrieb in den nächsten Jahren an. Diese, vom Bundespräsidenten bereits prämierte und ursprünglich vom Team Bananenflanke e.V. ins Leben gerufene „Liga der wahren Helden", bringt nicht nur Kinderaugen zum Leuchten, sondern verankert dieses Leuchten auch mitten im Herzen unserer Gesellschaft.

Autoren und Illustrator

BEN RÜCKERL erblickte am 31. August 1977 das Licht der Welt – in jenem Jahr, als der 1. FC Nürnberg in der Bundesliga durch einen Sieg und ein Unentschieden in der Relegation die Klasse gehalten hatte. Leider stieg der Verein in der darauffolgenden Saison sang- und klanglos ab. Dieses Wechselspiel der Fangefühle begleitet Ben seither ohne Unterbrechung. Man sagt ja den „Glubb"-Fans große Leidenschaft, aber auch Leidensfähigkeit nach – und diese Attribute vereinen sich definitiv in seiner Person.

Ben bemerkte schon früh, dass er mit seiner kreativen Art Menschen begeistern und mitreißen konnte. Dadurch wurde ihm schnell klar, dass er einen Beruf ergreifen wollte, mit dem er dieses Ziel erreichen würde: Menschen mitzunehmen, sie zu faszinieren und zum Lachen zu bringen!

Genau das schafft er täglich als staatlich anerkannter Heilerzieher. Die Arbeit mit Kindern und Jugendlichen macht ihm auch heute noch Spaß. Nebenbei hat er jedoch nie damit aufgehört, daran zu glauben, irgendwann einmal etwas Eigenes zu schaffen. Denn es gibt für ihn nichts Schöneres, als frei arbeiten zu können. Sein Lebensmotto „Sieger zweifeln nicht und Zweifler siegen nicht" bringt diesen Wunsch auf den Punkt. Mit Manni Ballnane® kann er nun seine zwei großen Leidenschaften vereinen: die Pädagogik und den Fußball. (www.ploetz-rueckerl.de)

STEFAN PLÖTZ wurde am 28. März 1984 geboren und war ebenfalls schon als kleiner Junge ein leidenschaftlicher Fußballfan und -spieler. Seine Nachmittage verbrachte er meistens auf dem Bolzplatz. Dort stellte er mit seinen Freunden oft Spielszenen aus bekannten Fußballspielen nach und merkte vor lauter Spieleifer erst durch den Einbruch der Dunkelheit, dass es Zeit war, nach Hause zu gehen.

Stefan faszinierte am Fußball die Kombination aus Einfachheit und den vielen Möglichkeiten, kreativ zu sein. Ein Ball. Ein paar Mitspieler. Gegenstände, um ein Tor zu markieren. Das war der Stoff, um Kinderträume wahr werden zu lassen! Gemeinsam feiern. Gemeinsam verlieren. Gemeinsam an einem Ziel arbeiten! Das hat ihn bis heute nicht losgelassen.

Als staatlich anerkannter Heilerzieher kann Stefan diese Erfahrungen an die nächste Generation weitergeben – am liebsten gemeinsam mit seinem Freund und Kollegen Ben Rückerl. Kinder brauchen Möglichkeiten, ihre Fantasien entfalten zu können. Sie wollen selber „die kleinen Helden des Alltags" sein. Dazu braucht es Vorbilder und Charaktere, um spielerisch ans Ziel zu kommen.

In seinem Beruf und in seiner Freizeit brennt Stefan dafür, frische Ideen zu finden, um etwas Eigenes zu erschaffen. Die Arbeit mit Manni Ballnane® macht ihm gerade deshalb so viel Spaß. Hier kann er mit Kreativität seine Arbeit als Pädagoge bereichern und so einen Förderansatz gestalten, der Kinder und Jugendliche begeistert. (www.ploetz-rueckerl.de)

Die Idee, Manni Ballnane® und seine Vorstellungen von richtig gutem Fußball in einem Kinderbuch zu veröffentlichen, trugen Ben Rückerl und Stefan Plötz schon seit längerem mit sich herum. Durch gemeinsame Freunde lernten sie die Autorin Carola Kupfer kennen und konnten sich so professionelle Unterstützung holen.

CAROLA KUPFER, Jahrgang 1964, ist seit mehr als 25 Jahren als Autorin, Ghostwriterin und Texterin tätig. Die gebürtige Hamburgerin begann ihre schriftstellerische Tätigkeit mit erfolgreichen Ratgebern – auch zum Thema Fußball („Die perfekte Fußballbraut"). Seit 2007 publiziert sie regelmäßig historische Romane.

Die Autorin lebt und arbeitet in Regensburg. Sie ist Vorstandsmitglied im Schriftstellerverband Ostbayern und engagiert sich hier vor allem für den internationalen Austausch mit den westböhmischen Kollegen in Pilsen. Außerdem realisiert sie deutschlandweit Buchprojekte mit Kindern und Jugendlichen in Schulen. (www.carola-kupfer.com)

Dennis Zitzmann, geboren 1984 in Weiden in der Oberpfalz. Wohnhaft in Schirmitz. Verheiratet. Arbeitet als Illustrator und Grafiker. (www.dz-illustration.de)